Vorlagenbogen A

Tontopf-Figuren
Basteln mit Kindern

ISBN 3-89858-330-9

1A

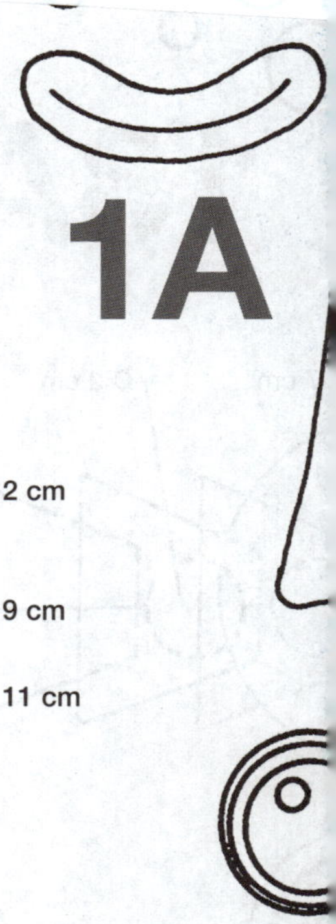

7B

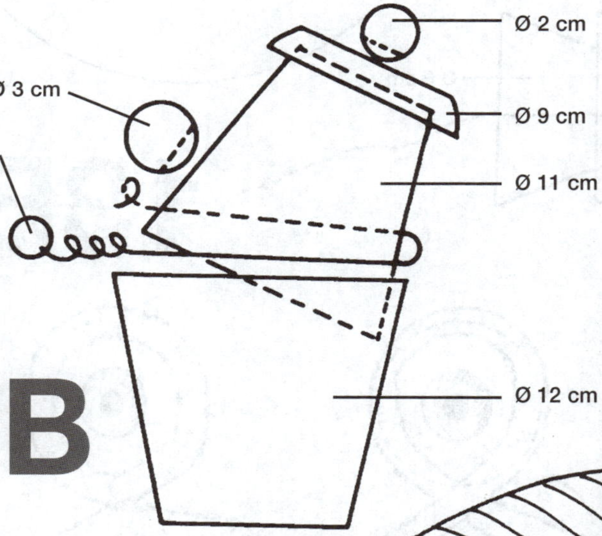

5

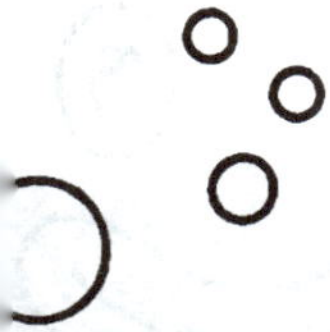

13A

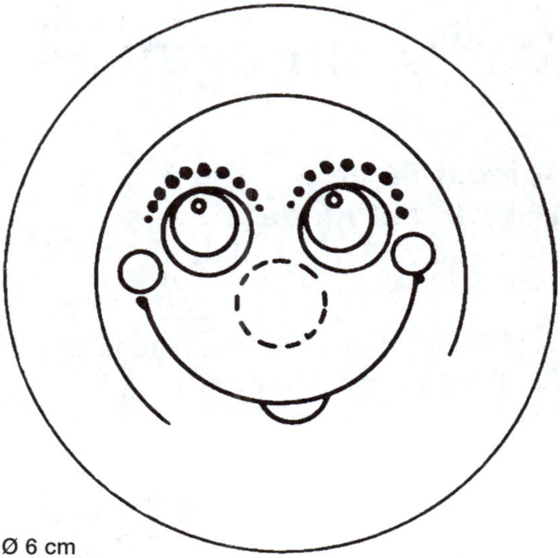

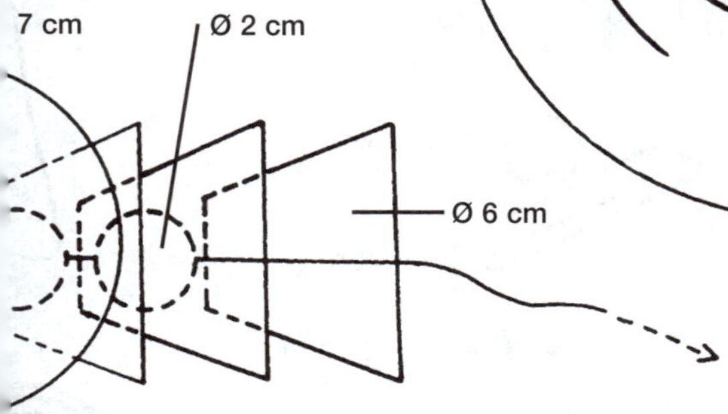

13B

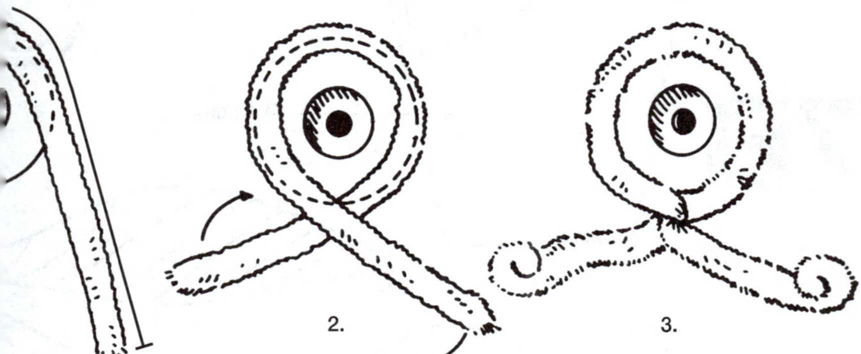

14A

14B

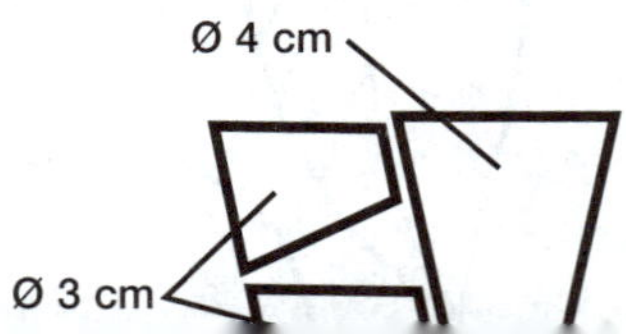

Vorlagenbogen B

Tontopf-Figuren
Basteln mit Kindern

ISBN 3-89858-330-9

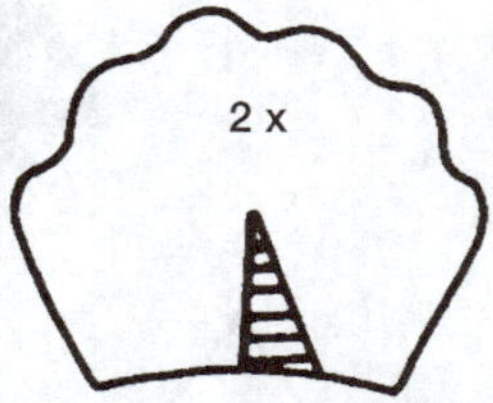

1

Ø 9

Ø 5 cm

17A

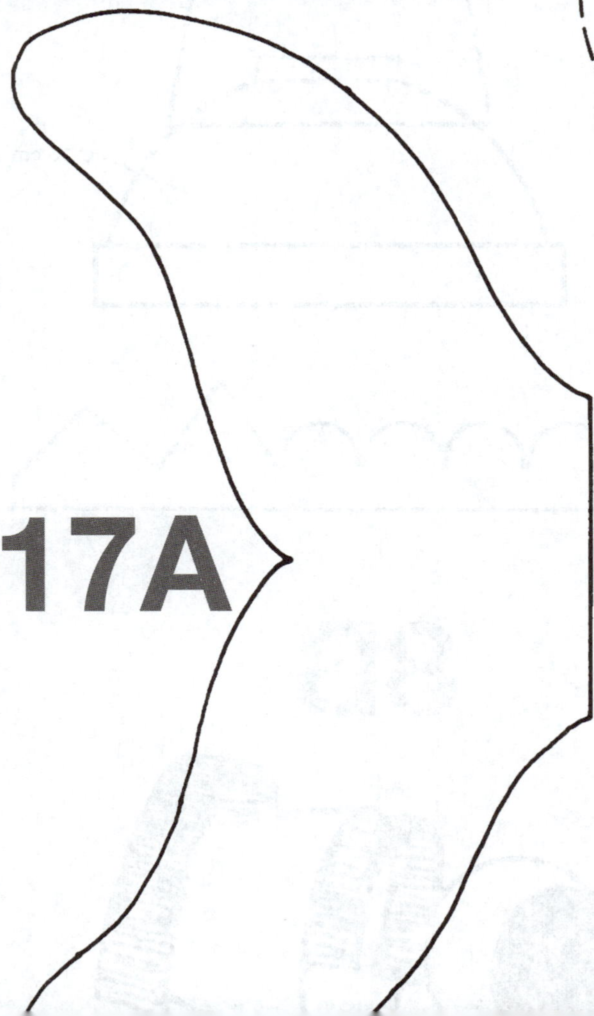

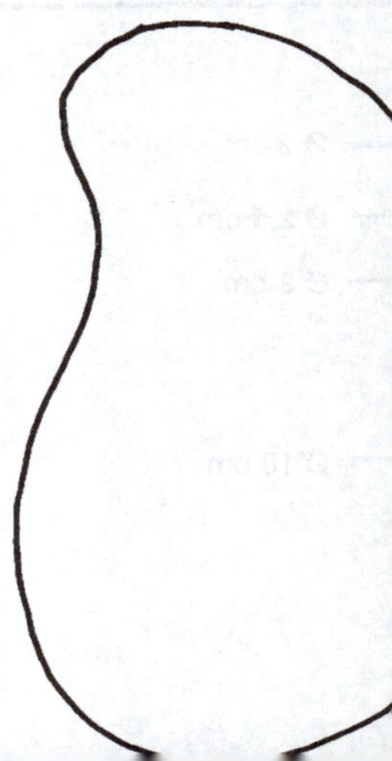

4B

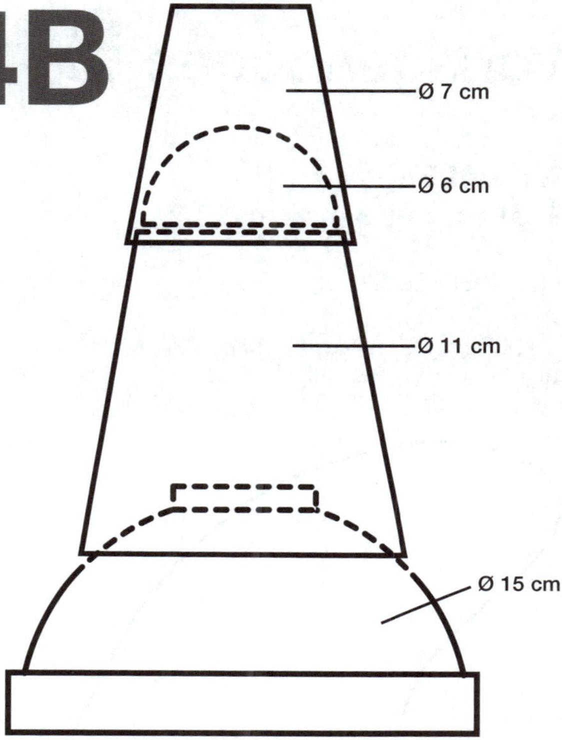

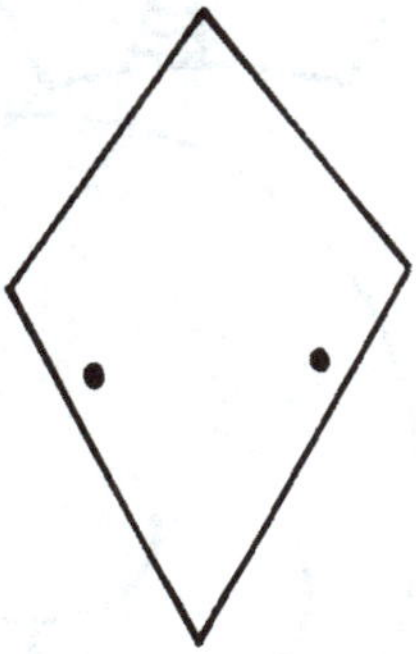

4A

3A

Ø 2 cm

Ø 2,5 cm

Ø 3 cm

Ø 18 cm

8B

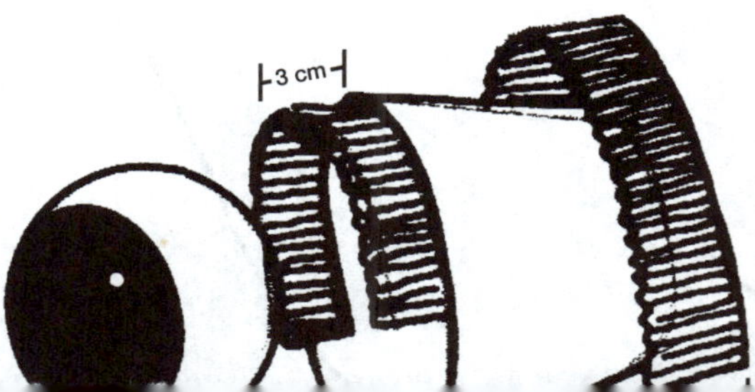

5 cm

Ø 20 cm
Ø 7 cm

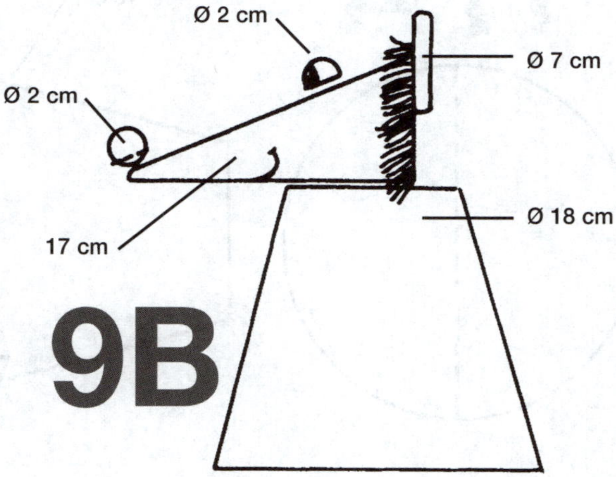
Ø 2 cm
Ø 7 cm
Ø 2 cm
Ø 18 cm
17 cm

9B

10B

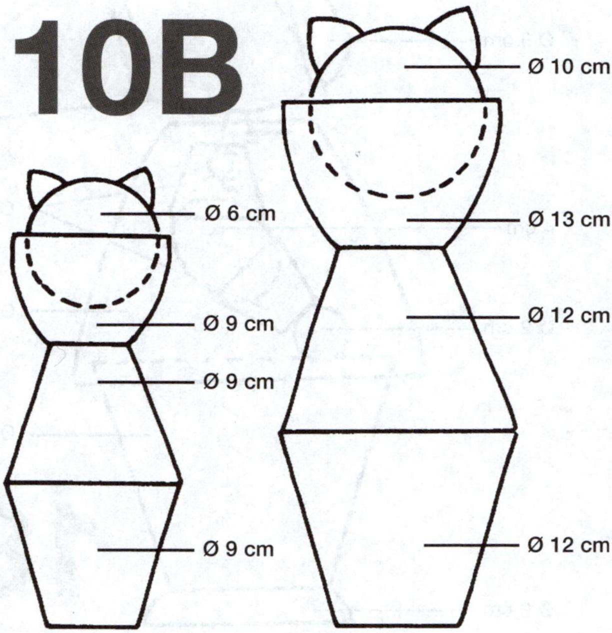
Ø 10 cm
Ø 6 cm
Ø 13 cm
Ø 9 cm
Ø 12 cm
Ø 9 cm
Ø 9 cm
Ø 12 cm

17A

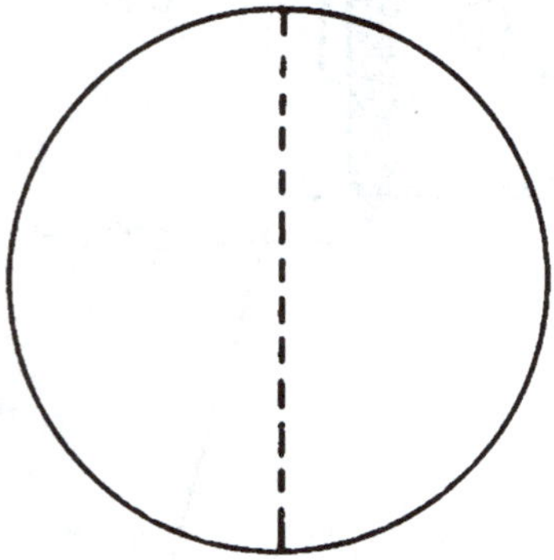

17B

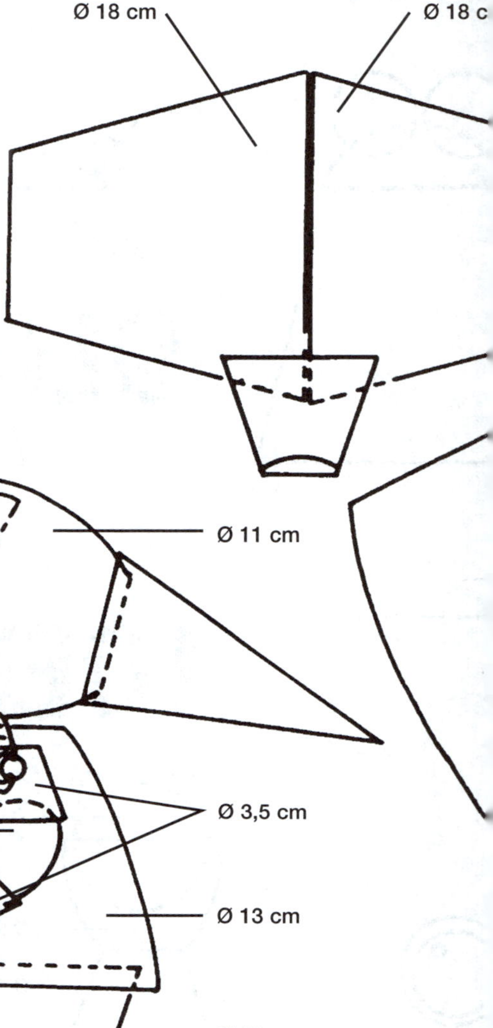

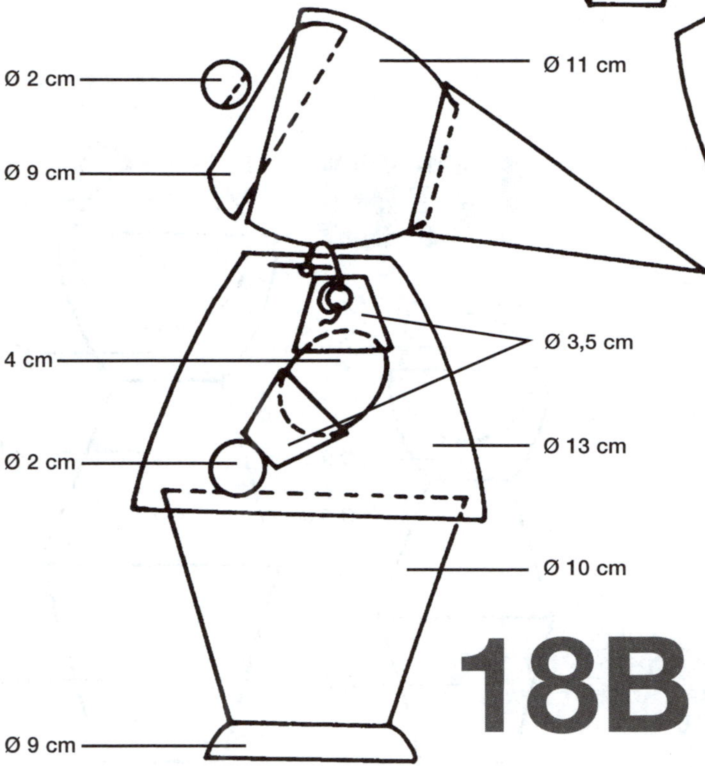

18B

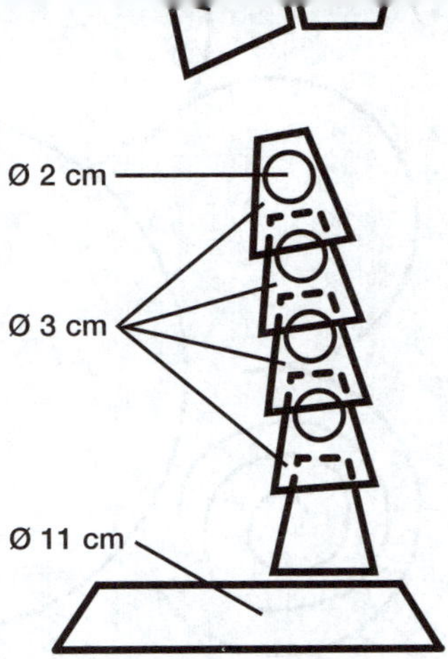

Ø 2 cm
Ø 3 cm
Ø 11 cm

19B

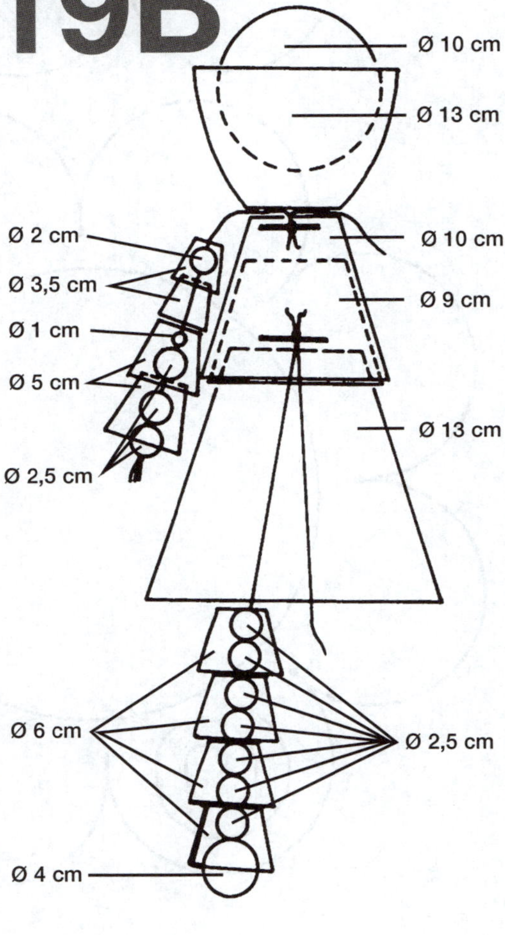

Ø 10 cm
Ø 13 cm
Ø 2 cm
Ø 10 cm
Ø 3,5 cm
Ø 9 cm
Ø 1 cm
Ø 5 cm
Ø 13 cm
Ø 2,5 cm
Ø 6 cm
Ø 2,5 cm
Ø 4 cm

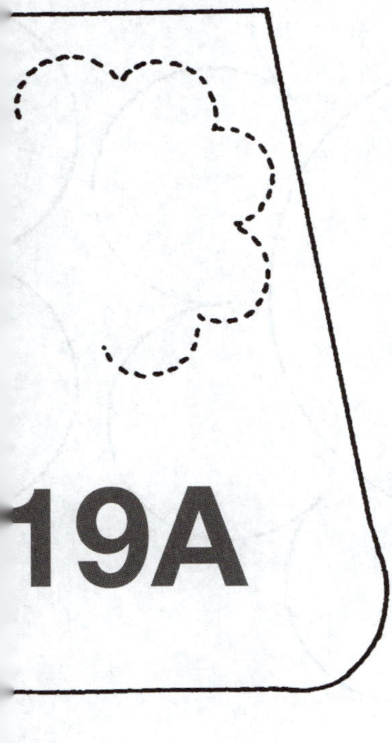

19A

6A
6B
2 x
1

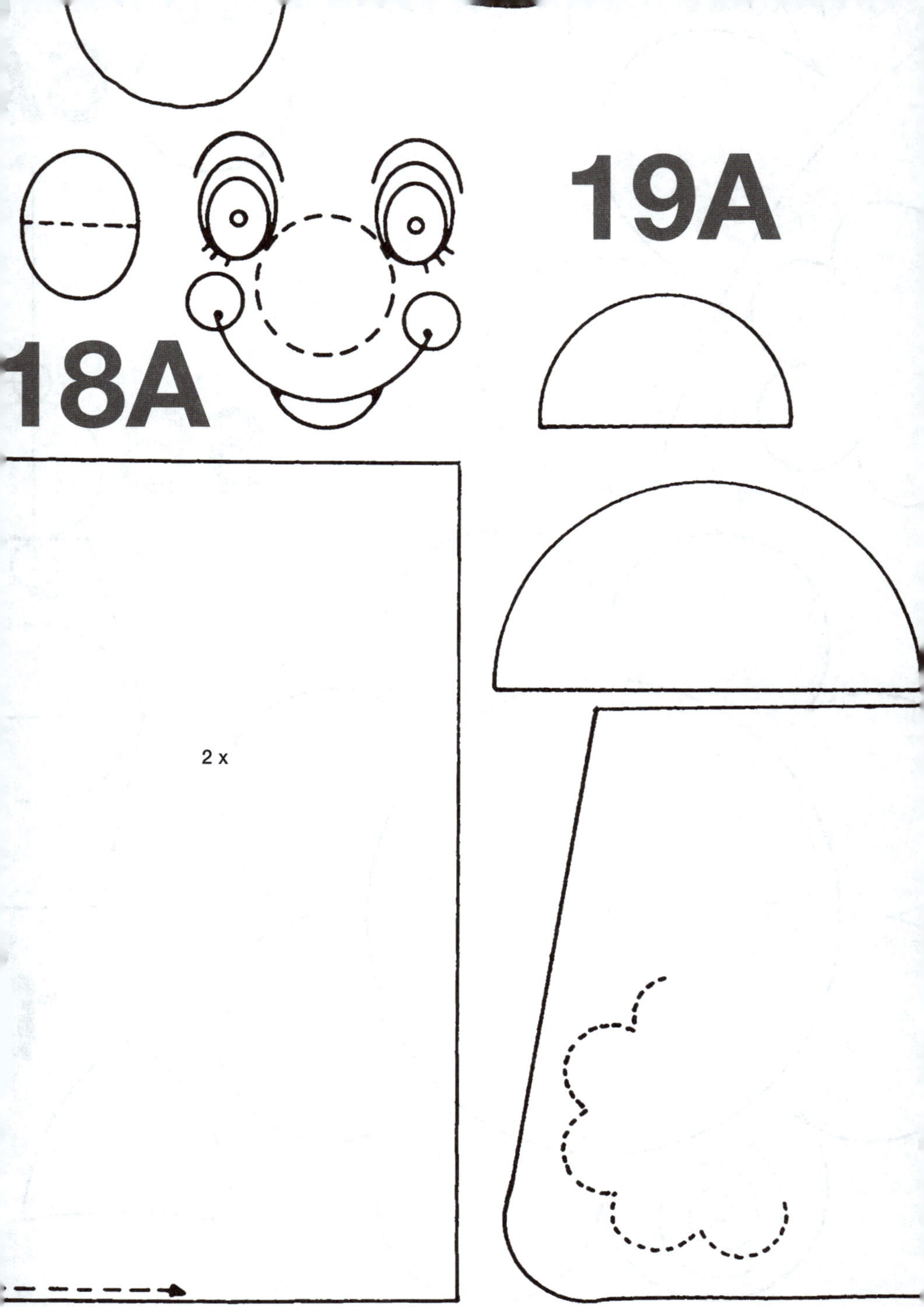
19A
18A
2 x

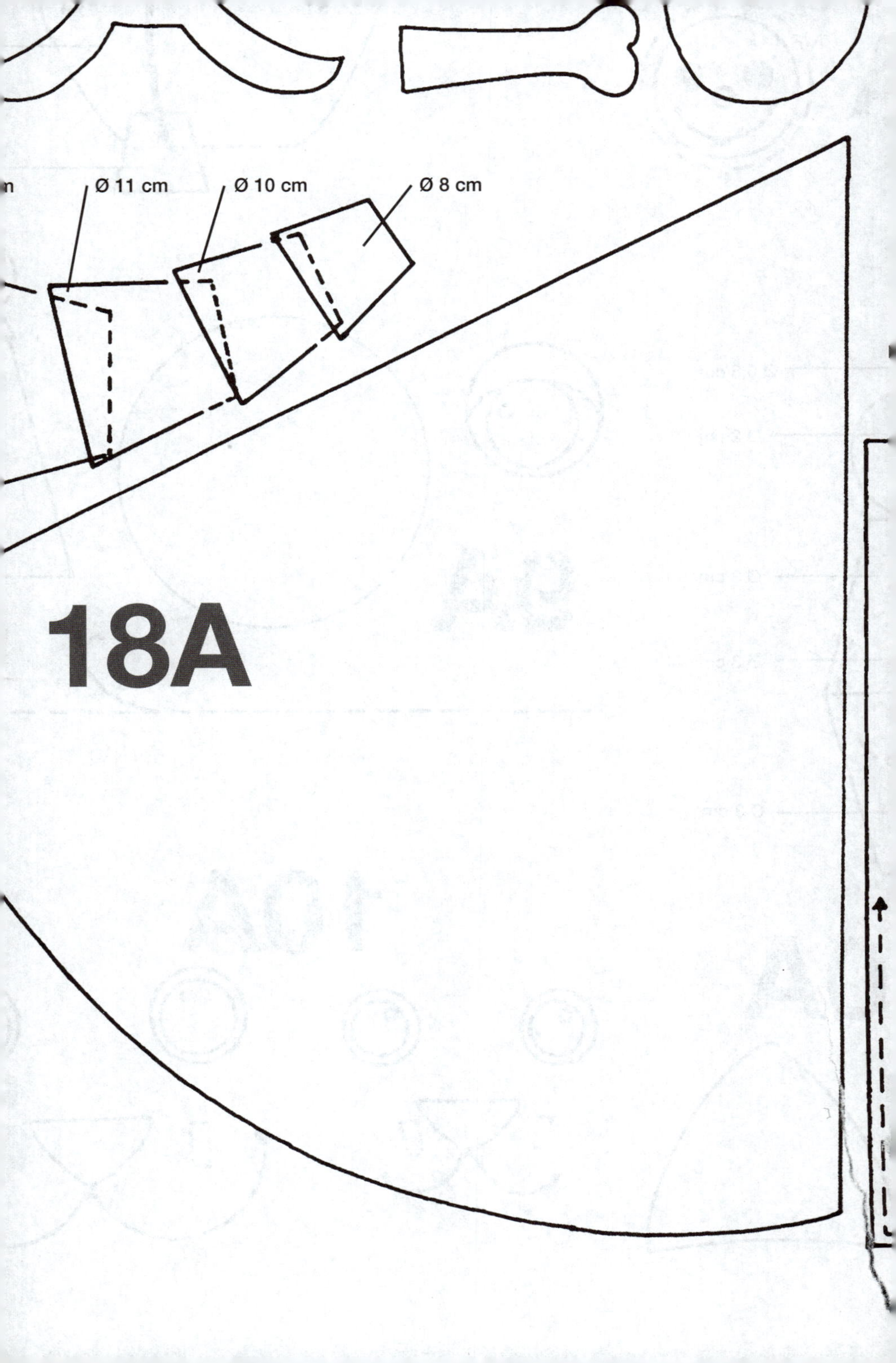
n
Ø 11 cm
Ø 10 cm
Ø 8 cm
18A

A

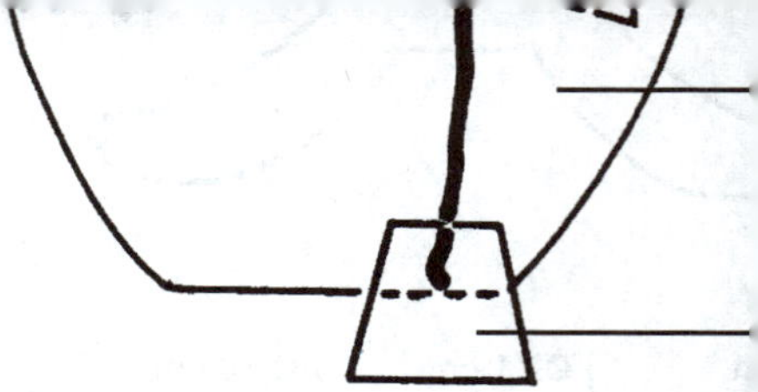

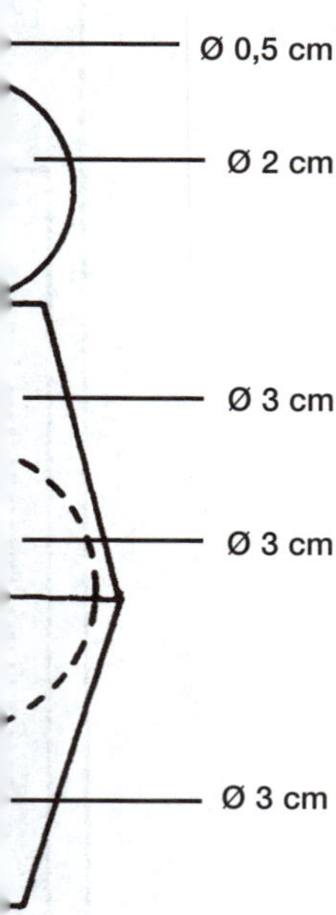

9A

10A

0A

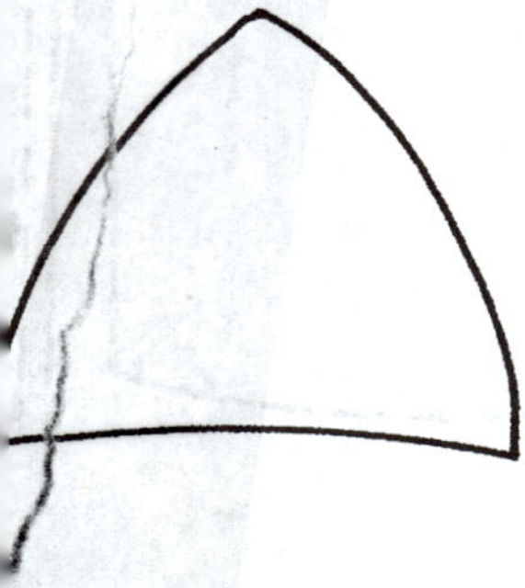

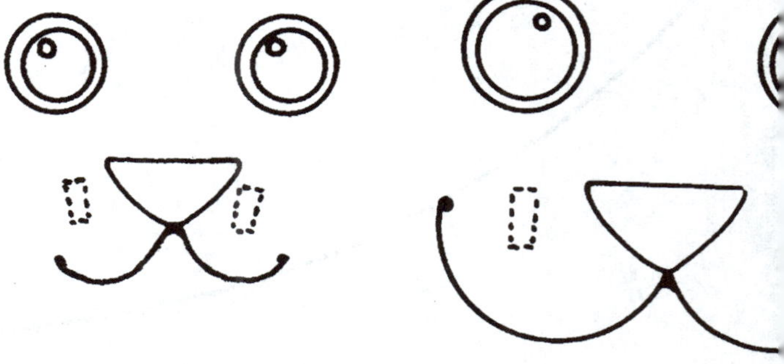

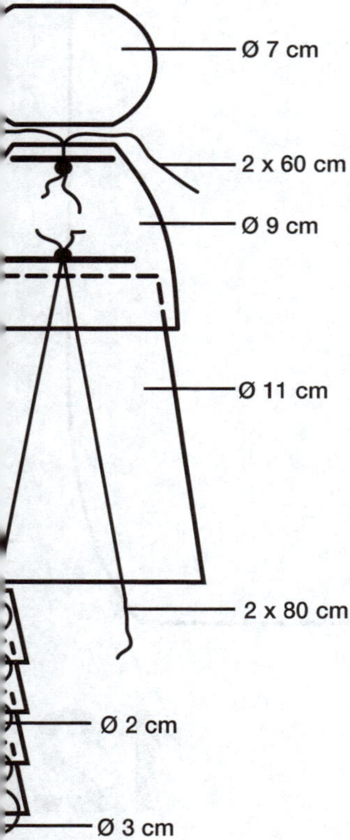
Ø 7 cm
2 x 60 cm
Ø 9 cm
Ø 11 cm
2 x 80 cm
Ø 2 cm
Ø 3 cm

3A

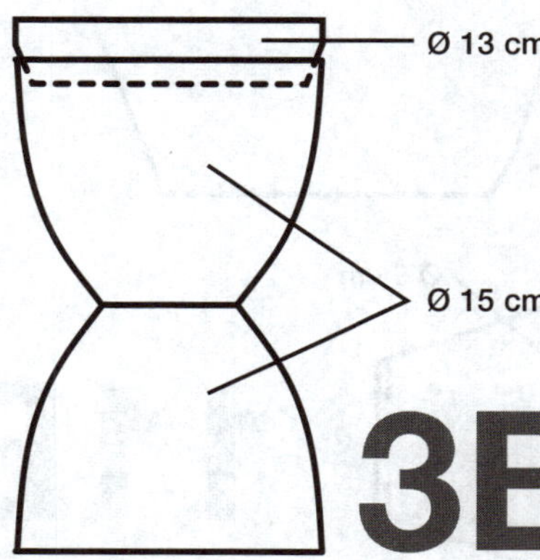
Ø 13 cm
Ø 15 cm

3B

8

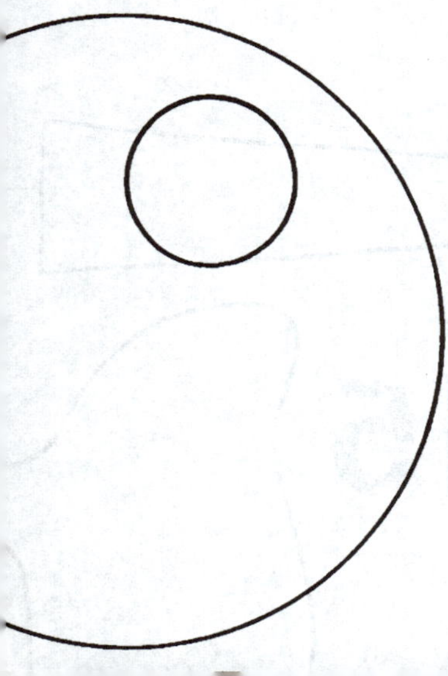

8B

Ø 2 cm
Ø 2,5 cm
Ø 5 cm

1A

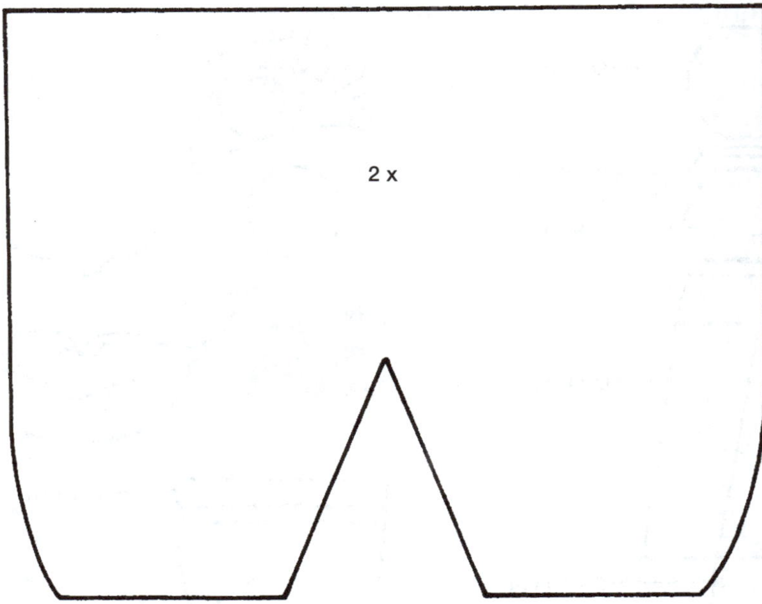

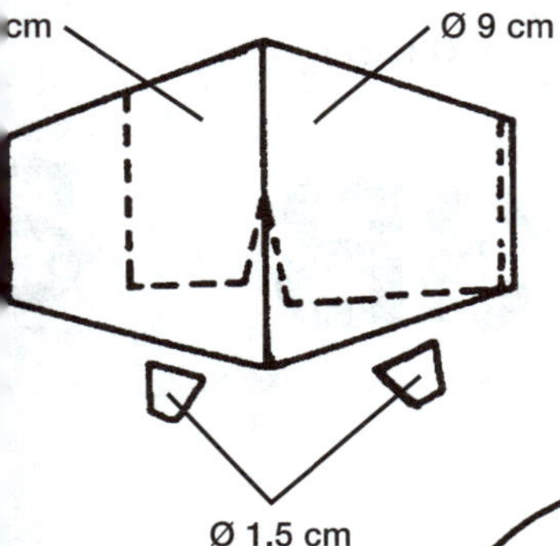

11B

12I

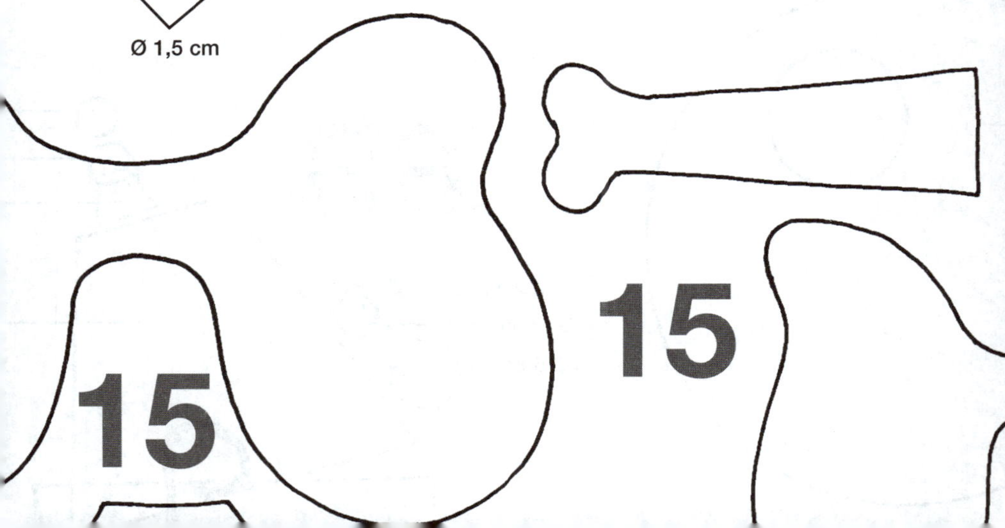

15

15

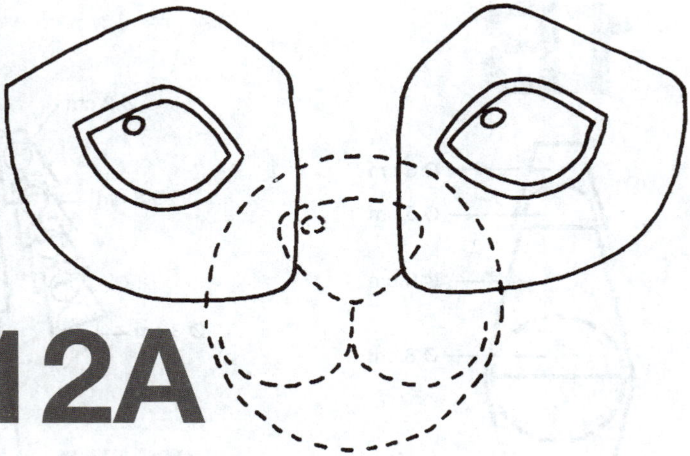

12A

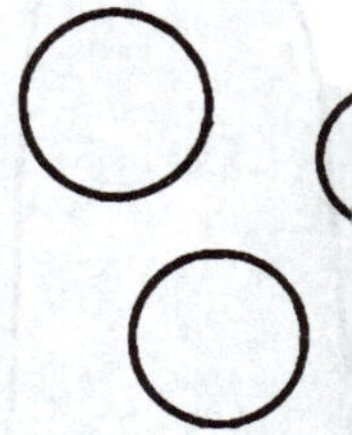

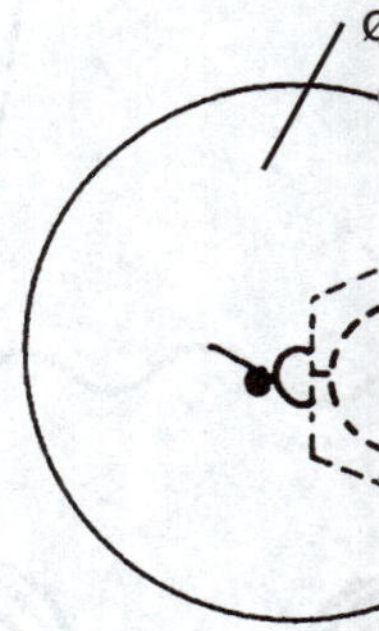

3

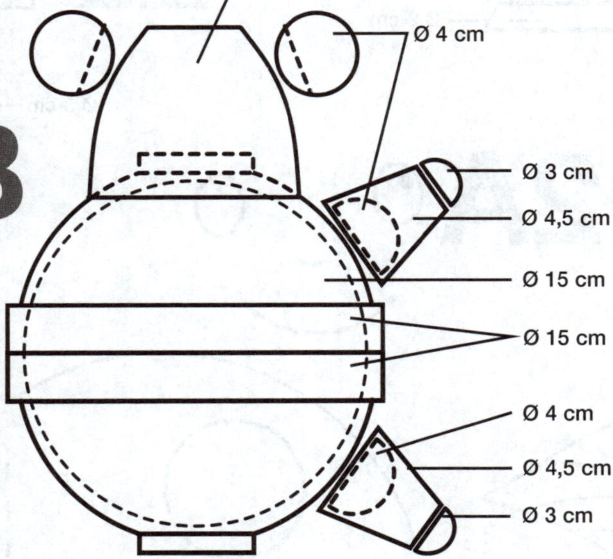

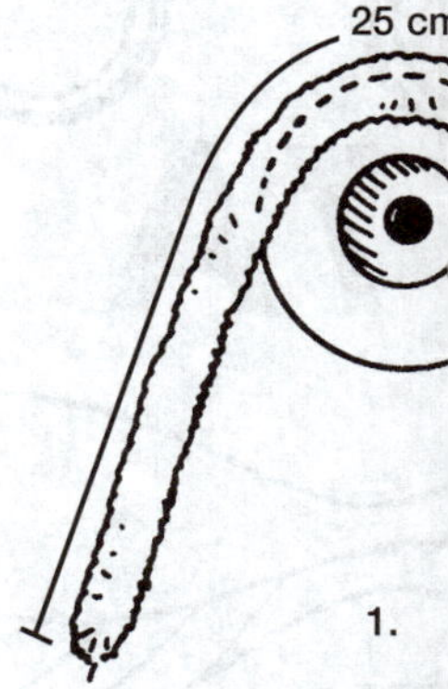

16

1B

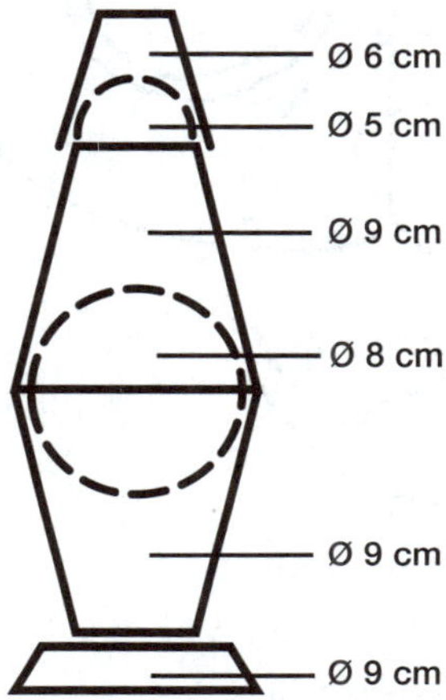

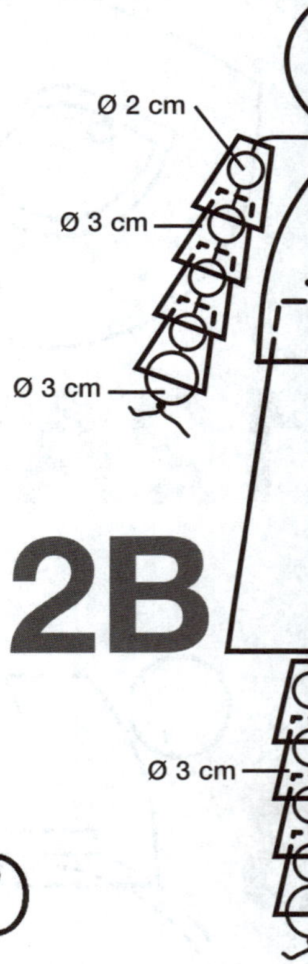

2B

7A

2A

5

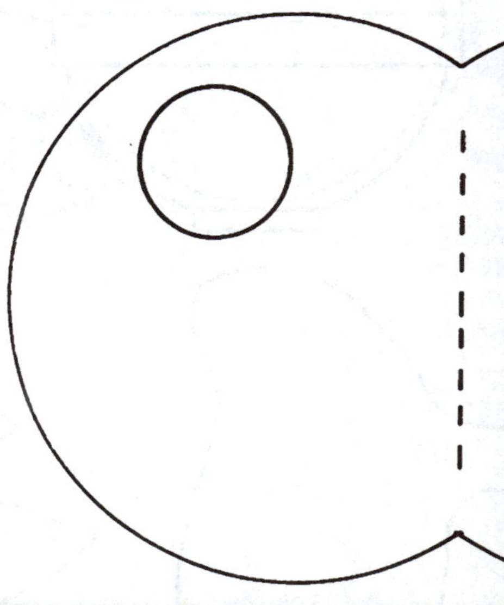

Tontopf-Spaß

Lustig, kunterbunt und super leicht: Das Basteln mit Tontöpfen ist der Hit! Die vielen tollen Figuren, die du hier findest, kannst du mit einem kleinen bisschen Hilfe von deinen Eltern ganz einfach und schnell selber machen. Am Anfang des Buches zeigen wir dir am Beispiel von drei Tontopffiguren mit Schritt-für-Schritt-Fotos, wie es geht. Bei allen anderen Modellen steht dann dabei, ob sie wie Tom & Antonia Tontopf, Klausi Dickbauch oder Susi Schlenkerbein gebastelt werden. Blättere bei Bedarf einfach einmal nach – und deine Tontopf-Figur gelingt bestimmt!

Viel Spaß beim Basteln wünschen dir

Karina Stieler & Kristiana Heinemann

Inhaltsverzeichnis

Alles über Tontöpfe

• **Ton- oder Terrakottatöpfe** (ital. Terracotta = gebrannter Ton) gibt es in den verschiedensten Größen und Formen. Diese verschiedenen Arten von Tontöpfen erhalten Sie in Bastelgeschäften, in gut sortierten Baumärkten oder in Blumengeschäften. Hier finden Sie auch Keramiktöpfe, also gebrannte und glasierte Tontöpfe.
Tontöpfe sind als herkömmliche Blumentöpfe erhältlich, aber auch als schlanke, hohe Rosentöpfe, Halbtöpfe, bauchige Glockentöpfe, flache Untersetzer, spitz zulaufende oder kugelförmige Töpfe.
Mit den Blumen-, Rosen- und Glockentöpfen werden gerne die Körper der Tontopf-Figuren gebastelt. Halbtöpfe lassen sich zum Beispiel für Gesichter oder Arme verwenden. Untersetzer eignen sich für die Gestaltung von Kragen, Gesichtern, Pflanz- oder Trinkschalen. Die spitz zulaufenden Töpfe sehen als Schnäbel oder Hüte lustig aus. Kugelförmige Töpfe sind für Köpfe zu empfehlen.
Besonders beliebt sind Mini-Tontöpfchen. Diese sind sehr vielfältig einsetzbar und können für Körper, Arme, Beine, Ohren oder Nasen verwendet werden.
Für das Basteln von Tontopf-Figuren benötigen Sie neben den Tontöpfen folgende Materialien und Werkzeuge:

• Zum Verkleben der Tontöpfe miteinander und mit anderen Materialien sind **Kraft-** oder **Alleskleber**, **Silikonkleber**, **Montage-Acrylkleber**, **Holzleim** und **Heißkleber** geeignet. Überquellender Klebstoff lässt sich gut mit einem Wattestäbchen entfernen.

• Zu den notwendigen Hilfsmitteln gehören **Schere**, einfaches oder doppelseitiges **Klebeband**, **Nadeln** und **Holzstäbchen**. Als Köpfe, Nasen oder Hände eignen sich am besten Holz- und Styroporkugeln in verschiedenen Größen.

• Zum Verbinden der Arme und Beine mit dem Körper bietet sich **Bast** oder **Paketschnur** an. Mit Bast, den man in verschiedenen Farben kaufen kann, lassen sich auch Haare gut gestalten.

• Für Haare eignen sich außerdem **Hanf**, **Langhaar-Plüsch** oder **Engelshaar**.

• Mit Stoffresten, Draht, Filz, Perlen, Bändern, Knöpfen, Federn, Pappkarton, Moosgummi, Rupfen, Pfeifenputzern und künstlichen oder echten Blumen kann man die Figuren wunderbar verschönern.

• **Schleifen**, **Bänder** oder Ähnliches eignen sich zum Verdecken von unschönen Verbindungsstellen der Tontöpfe oder von Übergängen.

• Zum Bemalen der Tontöpfe bieten sich **Bastelfarben**, **Acrylfarben**, spezielle **Terrakottastifte** oder **Dekomarker** an. Beim Bemalen ist darauf zu achten, dass die Farbe mindestens zweimal aufgetragen werden muss, damit sie deckt.

• **Klarlack**, **Acryllack** oder **3D-Lack** bieten den notwendigen Schutz vor Nässe, wenn die Tontopf-Figur auf Balkon oder Terrasse stehen soll.

• Für das Bohren von Löchern in Tontöpfe empfiehlt sich ein **Handbohrer** oder eine **Bohrmaschine** (am besten mit Bohrständer und einem 5 mm Steinbohrer-Aufsatz). Der Bohrer sollte senkrecht auf die Tonfläche treffen. Dabei nicht zuviel Druck ausüben! Die Bohrspitze gegen ein evtl. Heißlaufen mehrmals in einem Glas Wasser mit Spülmittel kurz abkühlen. Bei mittlerer Drehzahl bohren!

• Mit Hilfe einer feingezahnten **Säge** können Tontöpfe auch gesägt werden.

Große Tontopf-Übersicht

Arten	Bezeichnungen	Größen	Eignung
	Blumentopf	8 – 23 cm Ø	geeignet für Körper, Kopf, Hut, Klangspiel
	Rosentopf	7 – 22 cm Ø	geeignet für Körper
	runder Wandtopf	3 – 11 cm Ø	geeignet für Gesicht, Arme, Körper
	Glockentopf	9 – 17 cm Ø	geeignet für Körper, Klangspiel
	Untersetzer	6 – 21 cm Ø	geeignet für Kragen, Gesicht, Pflanz- und Trinkschalen
	spitzer Wandtopf	12 – 17 cm Ø	geeignet für Schnabel, Hut
	kugelförmiger Topf	5,5 cm Ø	geeignet für Köpfe
	Minitopf	1,5 – 6 cm Ø	geeignet für Körper, Arme, Beine, Ohren, Nasen, Körper

Grundtyp 1: Tom und Antonia Tontopf

1

2

3

Material:

- *Je 1 Classic- oder Rosentopf, Ø 8 cm*
- *1 Tontopf, Ø 6 cm*
- *1 Holzkugel, Ø 5 cm*
- *Wackelaugen, Ø 1 cm, Ø 0,8 cm*
- *Maritime Streuteile „Schiff", „Möwe"*
- *Windrädchen*
- *Gelbes Krepppapier*
- *Marabu-Decormatt Bastelfarbe in Scharlachrot, Dunkelbraun, Weiß, Schwarz, Rosa, Azurblau*
- *Pinsel, Schere*
- *Montagekleber, Alleskleber Kraft*

1. Klebe die Augen auf den kleinen Topf und die Holzkugel und bemale die Tontöpfe, die später die Körper werden sollen.

2. Befestige mit Montagekleber die Köpfe auf den Körpern und male Tom und Antonia lustige Gesichter auf.

3. Rolle aus Krepppapier kleine Kügelchen und klebe sie Antonia als Locken auf. Für Toms Haare malst du den Rand seines Topf-Kopfs braun an. Klebe nun beiden Figuren ein lustiges Holzmotiv auf den Bauch.

4. Falte für Tom dann aus einem Papier in der Größe DIN A5 einen Hut. Antonia erhält für ihren Ausflug ans Meer ein buntes Windrad, das du in einen kleinen, umgedrehten Tontopf stecken kannst (siehe großes Bild).

Grundtyp 2: Klausi Dickbauch

1

2

3

Material:

- *1 Tontopf, Ø 6 cm, 2 Tontöpfe, Ø 9 cm*
- *1 Untersetzer, Ø 9 cm*
- *Je 1 Styroporkugel, Ø 8 cm und 5 cm*
- *1/2 Moosgummikugel, Ø 3 cm*
- *3 grüne und 1 roter Pompon, Ø 1 cm*
- *Bunter Moosgummi, Langhaarplüsch in Pink*
- *40 cm Dekoband, Schere*
- *Marabu-Decormatt Bastelfarbe in Mittelblau, Weiß, Schwarz, Scharlachrot, Vanille, Gelbgrün*
- *Marabu-Fun Liner Glitter in Reseda, Smaragd*
- *Pinsel, Montagekleber, Alleskleber Kraft*

1. Bemale die großen Tontöpfe und den Untersetzer wie auf dem Foto in den Grundfarben.

2. Pause das Gesicht vom Vorlagenbogen A (Vorlagen 1A und 1B) auf Transparentpapier durch. Lege nun Kohlepapier mit der Schichtseite auf den Tontopf, die Transparentpapier-Vorlage legst du darüber und klebst beides mit Klebeband an die richtige Stelle auf dem Tontopf, damit nichts verrutschen kann. Zeichne dann alle Linien mit einem Bleistift durch. Nun kannst du das Gesicht farbig ausmalen. Die Hose bemalst du mit lustigen Streifen.

3. Klebe alle Töpfe wie auf der Zeichnung auf dem Vorlagenbogen mit Montagekleber zusammen und befestige rote und grüne Pompons als Nase und Knöpfe.

4. Übertrage die Arme vom Vorlagenbogen auf Moosgummi, schneide sie aus und klebe sie an. Fertig ist Klausi mit roten Haaren, Schleife und Hut (siehe großes Bild).

Grundtyp 3: Susi Schlenkerbein

Material:

- *1 Tontopf Ø,11 cm, 1 runder Dekotopf, Ø 7 cm, 1 Glockentopf, Ø 9 cm, 16 Tontöpfchen, Ø 3 cm, 16 Holzperlen, Ø 2 cm, 4 Holzperlen, Ø 3 cm*
- *Bastlocken, Kunstbast, Bastelhölzchen*
- *Deko-Gießkännchen und -Rechen*
- *Marabu-Decormatt Bastelfarbe in Gelbgrün, Zitron, Orange, Schwarz, Scharlachrot, Weiß*
- *Marabu-Fun Liner Magic in Zitron, Orange, Hellgrün*
- *Pinsel, Schere, Montagekleber*

1. Bemale alle Tontöpfe mit Bastelfarbe und Fun Liner Magic. Lass die Farbe trocknen und plustere sie dann nach Anleitung im Backofen auf. Lass dir dabei am besten von einem Erwachsenen helfen. Kürze zwei Bastelhölzchen auf Tontopfbodenlänge. Schneide für Arme und Beine je zwei Bastfäden von 60 bzw. 80 cm Länge zu und knote sie mittig um die Hölzchen. Das Arm-Hölzchen innen in den Glockentopf kleben (die Bastfäden hängen oben zum Loch heraus), das Bein-Hölzchen außen auf den Rock-Boden, der Bast hängt unten heraus.

2. Klebe nun Kopf, Oberkörper und Rock mit Montagekleber aufeinander (Vorlage 2A und 2B, Bogen A). Lass dir dabei am besten von einem Erwachsenen helfen.

3. Fädle für Arme und Beine immer abwechselnd ein Tontöpfchen und eine Holzperle auf. Nach der letzten Perle folgt eine große Holzperle. Die fädelst du auf nur einen Bastfaden und verknotest sie.

4. Fülle Montagekleber in den Kopf-Topf, schneide ca. 10 cm lange Bastlocken ab und drücke ein Ende in den Kleber (siehe Bild).

So ein Theater!

1. Zuerst lackierst du alle Tontöpfchen farbig. Das machst du entweder so wie auf der Abbildung oder nach eigenen Ideen.

2. Klebe dann die Töpfchen für die beiden großen Figuren aufeinander und befestige alle vier Köpfe mit Alleskleber (siehe Lehrgang „Figuren-Grundtyp 1" auf den Seiten 4-5). Male nun die Gesichter auf. Als Augen und Münder kannst du einfach farbige Punkte auftragen.

3. Schneide Wollfäden zu und befestige sie mit Alleskleber als Haare auf den Figuren. Beim Vater und dem Sohn drückst du die Haare in das obere Loch des Perlenkopfes. Bastele zum Schluss für deine Schauspieler-Familie eine Bühne, z. B. aus einer alten Schuhschachtel oder aus Wellpappe.

Tipp: *Wenn die Figuren für deine Finger zu groß sind, klebe etwas Moosgummi in die unteren Töpfchen, dann passen sie.*

Material:

- *6 Minitöpfchen, Ø 1,5 cm*
- *4 Holzperlen, Ø 1 cm*
- *Wolle in Braun und Gelb*
- *Marabu-Decorlack in Schwarz, Sand, Tannengrün, Hellblau, Azurblau, Lachsrot, Zinnoberrot, Flieder, Gelb*
- *Pinsel, Schere*
- *Alleskleber Kraft*

Annabelle mit dem schönen Hut

1. Befestige als Erstes die Böden der beiden Glockentöpfe mit dem Montagekleber aneinander (siehe Lehrgang „Figuren-Grundtyp 1" auf den Seiten 4-5).

2. Pause die Vorlage für das Gesicht vom Vorlagenbogen auf Transparentpapier. Lege nun Kohlepapier mit der schwarzen Seite auf den Tontopf für den Kopf, das Transparentpapier legst du darüber und klebst beides mit Klebefilm auf dem Topf fest, damit nichts verrutschen kann. Zeichne nun alle Linien mit einem Bleistift durch.

3. Nun kannst du das Gesicht farbig ausmalen. Ebenso bemalst du den Oberkörper von Annabelle. Für die grünen und hellblauen Punkte verwendest du einen Pompon, den du wie einen Stempel benutzt. Nimm für jede Farbe einen neuen Pompon.

4. Nach dem Bemalen verzierst du das Gewand und den Hutrand mit Fun Liner Glitter in Fuchsia und lässt alles gut trocknen. Natürlich kannst du auch ganz andere Farben verwenden.

5. Befestige die Fransenborte als Haare mit Alleskleber und binde Annabelle ein Stirnband aus Geschenkband mit einer schönen Schleife um.

6. Die Schale, in der die Kresse wächst, brauchst du nicht anzukleben. Es genügt, sie einfach aufzulegen. Auf diese Weise kann Annabelle alle möglichen leckeren Sachen für dich aufbewahren.

Material:

- *2 Glockentöpfe, Ø 15 cm*
- *1 glasierter Untersetzer, Ø 13 cm*
- *30 cm schwarze Borte mit 15 cm langen Fransen*
- *Marabu-Decormatt Bastelfarbe in Schwarz, Weiß, Hellblau, Rosa, Flieder, Himbeere, Mittelbraun, Gelbgrün*
- *Marabu-Fun Liner Glitter in Fuchsia*
- *70 cm Geschenkband in Rosa-Tönen*
- *2 Pompons, Ø 1 cm, als Stempel*
- *Pinsel, Schere*
- *Montagekleber, Alleskleber*

Vorlagen 3A und 3B, Bogen A

Schreckhaftes Huhn

1. Halbiere beide Wattekugeln mit einem Messer, lass dir dabei am besten von einem Erwachsenen helfen.

2. Das Huhn bekommt nun ein Gesicht: Die beiden kleinen Wattekugel-Hälften dienen als Augen. Auf ihnen befestigst du noch zwei schwarze Tieraugen als Pupillen.

3. Übertrage die Vorlage für den Schnabel vom Vorlagenbogen auf Moosgummi. Schneide nun den Schnabel aus und male mit schwarzem Filzstift die Nasenlöcher des Hühnchens auf.

4. Klebe den Schnabel dann mit Alleskleber auf den Kopf-Topf. Befestige danach die bunten Kopf-Federn und den Glitzerpompon.

5. Stelle den anderen Tontopf auf die umgedrehte Pflanzschale und markiere mit einem Bleistift, wo er später festgeklebt wird.

6. Entlang dieser Linie kannst du nun auf der Pflanzschale die Federn befestigen, und zwar so, dass die Federkiele später vom Körper-Topf verdeckt werden.

7. Die Federn am Hals klebst du an der halben Wattekugel fest, die als Unterbau für den Kopf dient (siehe Lehrgang „Figuren-Grundtyp 2" auf den Seiten 6-7). Die Zeichnung auf dem Vorlagenbogen zeigt dir, wie das Huhn zusammengebaut wird.

8. Zum Schluss befestigst du ein paar lange, dichte Federn zu beiden Seiten des Huhns als Flügel.

Tipp: *Wenn das schreckhafte Huhn auf dem Tisch steht, kannst du seinen Bauch locker mit Watte füllen und es auf die warmen Frühstückseier setzen. So bekommt auch der letzte Langschläfer noch ein warmes Frühstücksei.*

Material:

- *Je ein Tontopf, Ø 7 und 11 cm*
- *1 Pflanzschale, Ø 15 cm*
- *Je 1 Wattekugel, Ø 2 und 6 cm*
- *Bastelfedern in Weiß, Orange, Rot, Grün, Hellbraun und naturgetreu gemustert*
- *Moosgummi in Orange*
- *Tieraugen, Ø 5 mm*
- *Glitzerpompon, Ø 1,5 cm*
- *Permanent-Filzstift in Schwarz*
- *Messer, Schere*
- *Montagekleber, Alleskleber*

Vorlagen 4A und 4B, Bogen A

Ordnung im Beet

1. Lackiere alle Tontöpfe mit der Bastelfarbe in Hellgrün, den Untersetzer lässt du naturfarben.

2. Übertrage die Blüten und Blätter auf Moosgummi in den entsprechenden Farben, schneide sie aus und verziere sie mit Fun Liner Glitter. Das Schneckenmotiv kannst du entweder mit Kohlepapier übertragen oder frei Hand aufmalen. Oder du denkst dir selber ein Muster aus.

3. Lass die Farbe trocknen und klebe die Moosgummi-Teile dann mit Alleskleber an den grünen Tontöpfen fest.

4. Für die einzelne Blüte halbierst du die gelbe Kugel. Dann klebst du die fliederfarbene Blüte und das eine Ende des grün lackierten Blumendrahtes zwischen die beiden Kugelhälften. Das Doppelblatt klebst du um den „Blütenstängel".

5. Für den Rand des großen Untersetzers schneidest du mehrere Teile der Blütenborte mit 4 oder 5 Blütenblättern aus, bis sie ganz herumreicht. Verziere auch diese Teile mit Fun Liner Glitter und befestige sie nach dem Trocknen mit Alleskleber.

6. Die fertigen Blüten-Tontöpfe klebst du mit Montagekleber auf den Untersetzer. Das kleinste Töpfchen befestigst du umgedreht und steckst die Blüte am Draht in das Bodenloch. Ein kleines Einzelblatt hält den Draht an seinem Platz.

Material:

- *2 Rosen- oder Classictontöpfe, Ø 8 cm*
- *Je ein Tontopf, Ø 7, 6 und 3 cm*
- *1 Untersetzer, Ø 25 cm*
- *24 cm Blumendraht*

- 1 gelbe Moosgummikugel, Ø 2 cm
- Moosgummi in Rot, Dunkel- und Hellrosa, Orange, Hellgrün, Flieder
- Marabu-Decorlack in Hellgrün
- Marabu-Fun Liner Glitter in Rubinrot, Fuchsia, Saphir, Smaragd
- Pinsel, Schere
- Montagekleber, Alleskleber Kraft

Vorlage 5, Bogen A

Schmetterlings-Mobile

1. Male auf die Holzkugeln für die Schmetterlingsköpfe Gesichter nach Wunsch oder nach der Vorlage auf. Wenn du ganz sichergehen möchtest, kannst du das Gesicht auch auf Transparentpapier abpausen und dann mit Hilfe von Kohlepapier auf die Holzkugeln übertragen.

2. Male danach die Hinterköpfe rot bzw. blau an. Beklebe nun die Stirn mit einer kleinen, ca. 1 cm langen Strähne aus Langhaarplüsch.

3. Lackiere dann die Töpfe für die Hinterleiber der Schmetterlinge ebenfalls in Blau bzw. Rot.

4. Füge die Schmetterlingskörper nun zusammen. Damit die Figuren stabiler sind, klebst du dazu zuerst eine Styroporkugel in die Öffnung des Hinterkörper-Topfs (siehe Lehrgang „Figuren-Grundtyp 2" auf den Seiten 6-7).

5. Knote eine Perle an ein ca. 30 cm langes Stück Stickgarn und ziehe dieses von innen durch den Boden des Oberkörper-Topfes. Fädele den Faden dann durch die Kopfkugel und eine weitere Perle. Die Zeichnung auf dem Vorlagenbogen zeigt dir genau, wie es geht.

6. Übertrage die Flügel vom Vorlagenbogen auf die Faserseide. Schneide die Flügel aus und klebe beidseitig die Punkte auf. Vergiss nicht, auch die Bäuche mit Punkten zu schmücken. Dann befestigst du die Flügel an den Körpern.

7. Füge den Mobilestern nach der Anleitung zusammen und lackiere die Kugeln in Rot, Blau und Dunkelblau. Dann kannst du die niedlichen Schmetterlinge aufhängen.

Material:

- *12 Tontöpfe, Ø 3 cm*
- *6 Styroporkugeln, Ø 3 cm*
- *6 Holzkugeln, Ø 2 cm*
- *Insgesamt 12 Holzperlen in Hellblau und Dunkelblau*
- *Faserseide in Rot und Hellblau*
- *Holografiefolie, regebogenfarbig*
- *Mobilestern*
- *Stickgarn in Gelb und Rot*
- *Marabu-Decorlack in Schwarz, Weiß, Hellblau, Korallenrot, Rosa*
- *Langhaarplüsch in Weiß*
- *Pinsel, Schere*
- *Styroporkleber, Alleskleber*

Vorlagen 6A und 6B, Bogen A

Spar-Fritz

1. Setze die einzelnen Tontöpfe zusammen, wie du es in der Zeichnung auf dem Vorlagenbogen sehen kannst (siehe auch Lehrgang „Figuren-Grundtyp 1" auf den Seiten 4-5).

2. Wenn du den Untersetzer als Hut anbringst, klebst du gleich die Federn als Haare mit ein.

3. Schneide 45 cm vom Chenilledraht ab und lege ihn als Arme um die Figur, wie du es auf dem Foto sehen kannst. Befestige den Draht dabei direkt auf der Klebestelle der beiden Töpfe, so dass diese durch die Arme verdeckt wird.

4. Wickle die Drahtenden spiralförmig über einen Stift. Dann stichst du zwei Moosgummikugeln mit einer dicken Nadel vor und steckst sie dann als Hände auf die Enden der Draht-Arme.

5. Pause nun die verschieden großen Augenkreise auf Transparentpapier und übertrage sie dann mit Kohlepapier auf Moosgummi in den verschiedenen Farben. Schneide die Augenkreise aus und befestige sie im Gesicht vom Spar-Fritz.

6. Schneide die rote Moosgummikugel mit einem Messer leicht an, lass dir dabei am besten von einem Erwachsenen helfen. Klebe die Kugel dann als Nase auf die Gesichtsfläche. Schiebe danach zwei Federn als Bärtchen unter die Kugel, solange der Klebstoff noch feucht ist.

7. Tupfe nun mit Deckweiß kleine Lichtpunkte in die Augen und auf die Nase. Zum Schluss klebst du noch eine gelbe Moosgummikugel als Bommel auf die Mütze. Und schon kannst du beginnen, den lustigen Spar-Fritz mit Münzen und Geldscheinen zu füttern!

Material:

- *1 Untersetzer, Ø 9 cm*
- *1 Tontopf, Ø 11 cm*
- *1 Tontopf, Ø 12 cm*
- *3 Moosgummikugeln in Gelb, Ø 2 cm*
- *1 Moosgummikugel in Rot, Ø 3 cm*
- *Chenilledraht in Gelb*
- *Moosgummi in Lila, Gelb, Schwarz*
- *Dekofedern in Gelb*
- *Transparentpapier*
- *Kohlepapier*
- *Deckweiß*
- *Pinsel, Schere*
- *Montagekleber, Alleskleber*

Vorlagen 7A und 7B, Bogen A

75417

Monster unterm Bett

1. Setze den Monsterkörper nach der Zeichnung auf dem Vorlagenbogen zusammen (siehe auch Lehrgang „Figuren-Grundtyp 1" auf Seite 4-5). Befestige beidseitig Tontöpfe als Füße an Sisalfigurendraht von je 30 cm Länge und klebe das jeweils andere Drahtende in die Topfspalte. Kaschiere die Klebestellen mit Wattesisal. Befestige die Tontopf-Hörner und klebe etwas Wattesisal als Haare an den Übergängen fest.

2. Klebe die Augen wie auf der Zeichnung auf dem Vorlagenbogen zusammen und befestige sie im Gesicht. Den Langhaarplüsch der Wimpern bis auf 1 cm zurückschneiden und ebenfalls aufkleben. Klebe die Nase an und dichte die Klebestelle mit etwas Wattesisal ab. Verschönere die Nase mit einigen blauen Holzperlen. Übertrage die Monsterzähne auf Moosgummi, schneide sie aus und klebe sie an die Innenseite des unteren Topfrandes.

Material:

- *1 Tonschale, Ø 20 cm, 1 Tontopf, Ø 18 cm, 2 Tontöpfe, Ø 7 cm, 2 Tontöpfe, Ø 3 cm, 4 Tontöpfe, Ø 2,5 cm*
- *1 Styroporkugel, Ø 5 cm*
- *2 Holzperlen, Ø 2 cm*
- *Holzperlen in Blau, Ø 0,5 cm*
- *Sisalfigurendraht, Wattesisal in Orange*
- *Langhaarplüsch in Schwarzweiß*
- *Moosgummi in Weiß*
- *Marabu-Decorlack in Rot, Orange, Hellblau, Schwarz, Flieder*
- *Pinsel, Schere*
- *Montage- und Alleskleber*

Vorlagen 8A und 8B, Bogen A

Riesenratte Frauke

1. Schneide aus einem Karton einen Halbkreis, der so groß ist, dass du damit die Öffnung der Wandtüte schließen kannst. Klebe den Fellstreifen von 20 cm Länge am Rand entlang fest.

2. Übertrage den Kreis für die Ohren vom Vorlagenbogen auf Moosgummi und schneide ihn aus. Klebe nun den Ohrenkreis auf den äußeren Boden der Untersetzer und befestige die Ohren wie auf der Zeichnung auf dem Vorlagenbogen am Hinterkopf der Ratte.

3. Setze Frauke nun zusammen (siehe die Zeichnung auf dem Vorlagenbogen und Lehrgang „Figuren-Grundtyp 1" auf den Seiten 4-5).

4. Halbiere eine Moosgummikugel (lass dir dabei von einem Erwachsenen helfen), male sie als Augen an und klebe sie nach dem Trocknen auf den Kopf.

5. Auf die Schnauze kannst du mit einigen Pinselstrichen eine Struktur in Rosa und Beigetönen aufmalen. Klebe dann die Nase an und male mit einem feinen Pinsel den Mund auf.

6. Nähe mit einer dicken Nadel und Faden zwei Jutebänder (3 cm breit, 20 cm lang) an den Strohhut. Binde der Ratte dann den Hut wie auf dem Foto um.

7. Wenn du möchtest, kannst du auch den Körper von Frauke noch mit einigen Juteflicken verzieren.

8. Mit eingen Barthaaren aus Jute, die du mit Alleskleber befestigst, ist die Ratte komplett.

Material:

- *1 Wandtüte, 17 cm lang*
- *1 Tontopf, Ø 18 cm*
- *2 Untersetzer, Ø 7 cm*
- *Langhaarplüsch in Hellbraun*
- *Moosgummi in Rosa*
- *Moosgummikugeln in Weiß, Rosa, je Ø 2 cm*
- *Strohhut, Ø 12 cm*
- *Marabu-Decorlack in Zartrosa, Pfirsich, Schwarz*
- *Jute*
- *Garn und Nähnadel*
- *Pinsel, Schere*
- *Alleskleber, Montagekleber*

Vorlagen 9A und 9B, Bogen A

Katzenduo Husch & Kusch

1. Male alle Töpfe an und füge sie wie in der Zeichnung auf dem Vorlagenbogen zusammen (siehe auch Lehrgang „Figuren-Grundtyp 1" auf den Seiten 4-5). Beim Befestigen der Styroporkugel für den Kopf klebst du gleich die Stirnhaare aus Langhaarplüsch von 8 bzw. 6 cm Länge mit ein.

2. Schneide die Ohren aus Moosgummi zu. Markiere die Stellen für die Ohren auf der Styroporkugel, ritze sie dann ein und stecke die Ohren hinein. Hinterklebe die Ohren mit kleinen Plüschstreifen und klebe die Schwänze an die Katzenkörper. Die große Katze bekommt dabei einen Schwanz von 30 cm Länge, die kleine von 20 cm Länge. Bringe Augen und Nasen aus Moosgummi an und klebe die Barthaare auf. Dekoriere die Katzen zum Schluss mit einer Schleife um den Hals.

Material:

- *Je 2 Tontöpfe, Ø 12 cm, 9 cm*
- *Je 1 Glockentopf, Ø 13 cm, 9 cm*
- *Je 1 Styroporkugel, Ø 10 cm, 6 cm*
- *Moosgummi in Weiß, Orange, Schwarz, Gelb, Hautfarbe*
- *Marabu-Decorlack in Weiß, Orange, Schwarz*
- *Schleifenband, kariert*
- *Langhaarplüsch in Weiß, Hellbraun*
- *Pinsel, Schere, Cutter*
- *Styroporkleber, Alleskleber*

Vorlagen 10A und 10B, Bogen A

Meerschweinchen Joe & Candy

1. Klebe die Körper der Meerschweinchen wie in der Zeichnung auf dem Vorlagenbogen zusammen (siehe auch Lehrgang „Figuren-Grundtyp 1" auf Seite 4-5). Halbiere die Styroporkugeln und klebe die Hälften als Nasen auf die Kopf-Töpfe.

2. Lackiere das weiße Tierchen, beim braunen brauchst du nur die Nase mittelbraun anzumalen. Male dann mit feinem Pinsel die Mäulchen auf. Klebe nun die Augen auf. Schneide nach der Vorlage die Ohren aus Filz aus, schneide sie ein und klebe sie leicht überlappend fest.

3. Schneide dann nach der Vorlage die Haarteile aus Langhaarplüsch für jedes Tier 2 x zu. Ziehe mit Bleistift eine Mittellinie und klebe die Haarteile beidseitig fest. Durch den Keil passt sich das Fell der Körperform an. Schneide für jedes Tier einen 5 cm langen Fellstreifen zu und klebe ihn als Pony zwischen die Ohren. Nun kannst du die Tiere in ihr Gehege setzen.

Material:

- *4 Tontöpfe, Ø 9 cm*
- *8 Minitöpfe, Ø 1,5 cm*
- *2 Styroporkugeln, Ø 5 cm*
- *Marabu-Decorlack in Weiß, Mittelbraun, Rosa, Schwarz*
- *Filz in Weiß, Hellbraun*
- *Langhaarplüsch Weiß, Hellbraun*
- *Pinsel, Schere*
- *Montagekleber, Alleskleber*

Vorlagen 11A und 11B, Bogen B

Ein kleiner Freund aus China

1. Halbiere drei der 4 cm großen Wattekugeln und die beiden kleinen Wattekugeln mit einem Messer. Von zwei der 4 cm großen Wattekugeln schneidest du nur einen Zentimeter ab, das werden später die Ohren. Lass dir dabei am besten von einem Erwachsenen helfen!

2. Klebe die kleinsten Halbkugeln mit Montagekleber auf die Böden der 4,5-cm-Tontöpfe und lackiere alle vier so gearbeiteten Beine nach dem Trocknen des Klebers mit Schwarz.

3. Pause nun die Vorlage für das Gesicht auf Transparentpapier. Bemale dann alle Einzelteile: den Kopf und die Schnauze zuerst ganz in Weiß. Lass die Farbe gut trocknen, lege danach Kohlepapier mit der schwarzen Seite auf den Topf, die Transparentpapier-Vorlage darüber und fahre alle Augen-Linien mit einem Bleistift nach.

4. Male dann die Augenflächen schwarz aus. Arbeite danach auf die gleiche Weise die Schnauze des kleinen Pandas.

5. Lass die Farbe trocknen und füge danach alle Einzelteile zusammen, wie du auf der Zeichnung auf dem Vorlagenbogen sehen kannst. Damit die Tontöpfe besser aufeinander halten, klebst du vorher eine große Styroporkugel in den Bauch des Bärchens und halbierte kleine Kugeln in die Öffnungen der Bein-Töpfchen (siehe auch Lehrgang „Figuren-Grundtyp 2" auf den Seiten 6-7). Eine halbe 4-cm-Wattekugel bleibt übrig.

6. Eventuell musst du den Styroporkern des Bauches mit einem Messer etwas zuschneiden, weil er zu groß ist. Lass dir auch hierbei von einem Erwachsenen helfen.

Tipp: *Wenn du den kleinen Panda-Bären mit zwei bis drei Schichten glänzendem Lack überziehst, kann er sogar im Garten sitzen – zum Beispiel unter einem Bambusstrauch!*

Material:

- *1 Glockentopf, Ø 11 cm*
- *2 Pflanzschalen, Ø 15 cm*
- *4 Tontöpfe, Ø 4,5 cm*
- *5 Wattekugeln, Ø 4 cm*
- *2 Wattekugeln, Ø 3 cm*
- *1 Styroporkugel, Ø 15 cm*
- *Transparentpapier*
- *Kohlepapier*
- *Marabu-Decorlack in Weiß und Schwarz*
- *Evtl. Marabu-aqua-Klarlack*
- *Pinsel, Bleistift*
- *Messer, Schere*
- *Montagekleber*

Vorlagen 12A und 12B, Bogen B

Tausendfüßler Hugo

1. Pause das Tausendfüßlergesicht auf Transparentpapier. Lege dann Kohlepapier auf den Boden eines der Untersetzer, die Transparentpapier-Vorlage darüber und fahre alle Linien mit einem Bleistift nach. Male dann das Gesicht bunt aus.

2. Klebe nun eine rote Perle als Nase auf. Dann befestigst du die Untersetzer aneinander, dabei werden die Haarstoppeln aus grünem Bast zwischengefasst. Auf die Stirn klebst du ein kleines Knäuel Wattesisal.

3. Stelle dann die Körpersegmente aus Tontöpfen und Chenilledrähten her, wie du es auf der Zeichnung auf dem Vorlagenbogen sehen kannst. Verklebe die Drähte nach der Abbildung an den einzelnen Töpfen.

4. Fädele als Nächstes alle Körper-Teile des Tausendfüßlers auf einen 40 cm langen Draht, als Abstandhalter fädelst du jedes Mal eine Holzkugel zwischen die Töpfe (siehe auch Lehrgang „Figuren-Grundtyp 3" auf den Seiten 8-9).

5. Damit die Töpfe nicht vom Draht rutschen, befestigst du am Anfang eine Perle am Draht. Am Ende des Schwanzes klebst du einen umgedrehten Topf an, ziehst das Drahtende durch das Bodenloch und fixierst es ebenfalls mit einer Perle.

6. Verziere den Körper nun nach Belieben mit bunten Punkten und Pailletten. Zum Schluss kannst du den Kopf mit Montagekleber am ersten Körpersegment des Tausendfüßlers befestigen.

Tipp:

Der Tausendfüßler kann natürlich beliebig in die Länge wachsen. Vielleicht hat er ja wirklich bald tausend Beinchen!

Material:

- 2 Untersetzer, Ø 7 cm
- 8 Tontöpfe, Ø 6 cm, 1 Tontopf, Ø 5 cm, 8 Holzkugeln, Ø 2 cm
- Bindedraht, 8 Chenilledrähte Grün, Gelb, Blau
- Transparentpapier, Kohlepapier
- Pailletten in Türkis, Rosa
- Marabu-Decorlack in Türkis, Rosa, Weiß, Schwarz, Rot
- Bast in Grün, Wattesisal in Orange
- Pinsel, Bleistift
- Rundzange, Schere
- Alleskleber, Montagekleber

Vorlagen 13A und 13B, Bogen B

Familienidyll auf afrikanisch

1. Klebe für die Giraffen zwei bzw. drei Tontöpfe mit Montagekleber aufeinander (siehe auch Lehrgang „Figuren-Grundtyp 1" auf den Seiten 4-5) und bemale sie gelb. Male unregelmäßige braune Flecken auf und lackiere dann die gesamten Figuren matt.

2. Verschließe die Löcher oben an den Köpfen mit Fun Liner Magic und plustere die Farbe nach dem Trocknen bei 130°C im vorgeheizten Backofen auf (Herstellerangaben beachten!). Stelle die Hörner aus braun bemalten Drahtstücken und Perlen her und stecke sie oben in die Köpfe. Die Ohren schneidest du nach der Vorlage aus Leder aus und klebst sie an die Köpfe.

3. Für den Baum stellst du Stamm und Krone extra her, wie in der Zeichnung auf dem Vorlagenbogen zu sehen. Zwischen den Holzkugeln und den Tontöpfen des Stammes darfst du nicht mit Montagekleber sparen! Gut trocknen lassen. Lackiere die Krone und klebe die Deko-Pflanzen mit Heißkleber in die Töpfe. Befestige zum Schluss die fertige Krone mit Montagekleber auf dem Stamm.

Material:

Große Giraffe
- *Je 1 Tontopf, Ø 3 und 5 cm, Classic- oder Rosentopf, Ø 8 cm*

Kleine Giraffe
- *Je 1 Tontopf, Ø 3 und 6 cm*

Für beide Figuren
- *Braunes Leder, Blumendraht, braune Indianerperlen*
- *Wackelaugen, Ø 0,5 und 0,8 cm*
- *Marabu-BasicColor in Mittelgelb, Mittelbraun*
- *Marabu-Fun Liner Magic in Mittelbraun*
- *Marabu-aqua-Mattlack*

- Pinsel, Schere
- Montagekleber, Alleskleber Kraft

Für den Baum
- 7 Tontöpfe, Ø 3 cm, 1 Tontopf, Ø 4 cm, 1 Untersetzer, Ø 11 cm
- 4 Holzkugeln, Ø 2 cm
- Deko-Grünpflanzen
- Marabu-Decorlack in Tannengrün
- Pinsel, Schere
- Montagekleber, Heißkleber

Vorlagen 14A und 14B, Bogen B

Graue Riesen aus der Savanne

1. Klebe die Tontöpfe für Kopf und Körper der Elefanten mit den Bodenflächen zusammen (siehe auch Lehrgang „Figuren-Grundtyp 1" auf den Seiten 4-5).

2. Lass alles gut trocknen und male dann die gesamten Elefantenkörper mit grauer Lackfarbe an.

3. Pause die Ohren, Rüssel und evtl. auch die Stoßzähne (nur für die erwachsenen Elefanten) auf Transparentpapier und übertrage sie dann mit Kohlepapier auf weißen Moosgummi. Schneide die Formen nun aus und befestige sie mit Alleskleber an den Elefanten.

4. Klebe die Wackelaugen auf die Elefantengesichter. Du kannst aber auch Tieraugen verwenden, die wie schwarze Halbperlen aussehen. Wir haben solche Tieraugen bei den kleinen Elefanten verwendet.

5. Wenn du die kleinen Elefanten auch mit diesen Tieraugen versehen möchtest, dann solltest du sie zuerst auf kleine weiße Moosgummi-Scheiben kleben und dann erst auf den Elefantenkopf.

Tipp: *Wenn du möchtest, kannst du dir auch Elefanten in weiteren Größen basteln, z. B. ganz große Tiere. Die Vorlagen für Ohren, Rüssel und Stoßzähne musst du dann allerdings mit einem Kopierer entsprechend vergrößern.*

Material:

Großer Elefant
- *Tontopf, Ø 5 cm*
- *Classic- oder Rosentopf, Ø 8 cm*

Kleiner Elefant
- *Je 1 Tontopf, Ø 3 cm und 6 cm*

Alle Tiere
- *Moosgummi in Hellgrau und Weiß*
- *Wackelaugen, Ø 0,8 und 0,5 cm, oder Tieraugen, Ø 0,3 cm*
- *Transparentpapier, Kohlepapier*
- *Marabu-Decorlack in Grau*
- *Pinsel, Schere, Bleistift*
- *Alleskleber Kraft*

Vorlage 15, Bogen B

Quergestreift und trotzdem schlank

1. Klebe die Tontöpfe für Kopf und Körper der Zebras mit den Bodenflächen zusammen. Dafür nimmst du am besten Alleskleber Kraft (siehe auch Lehrgang „Figuren-Grundtyp 1" auf den Seiten 4-5).

2. Lass alles gut trocknen und bemale dann alle Figuren zuerst vollständig mit weißer Lackfarbe.

3. Wenn die Farbe getrocknet ist, malst du die schwarzen Zebra-Querstreifen auf. Die kleinen Zebras bekommen dabei etwas schmalere Streifen. Es macht nichts, wenn deine Streifen nicht ganz gerade sind – die Zebras in Afrika sind auch ganz ungleichmäßig gemustert.

4. Pause nun die Vorlagen für die Ohren vom Vorlagenbogen auf Transparentpapier und übertrage sie dann mit Kohlepapier auf schwarzen und weißen Moosgummi.

5. Schneide die Ohrenteile aus, klebe das Innenohr auf die große Ohrform und befestige die Ohren dann an den Tieren.

6. Zum Schluss bekommen alle Mitglieder der Zebrafamilie noch lustige Wackelaugen aufgeklebt.

Tipp: *Denk daran: Zebras fühlen sich nur in großen Herden wohl. Also darfst du ruhig ganz viele von ihnen herstellen.*

Material:

Großes Zebra
- *1 Tontopf, Ø 5 cm*
- *1 Classic- bzw. Rosentopf, Ø 8 cm*

Kleines Zebra
- *Je 1 Tontopf, Ø 3 cm und 6 cm*

Für alle Tiere
- *Moosgummi in Schwarz und Weiß*
- *Wackelaugen, Ø 0,8 cm und 0,5 cm*
- *Marabu-Decorlack in Schwarz und Weiß*
- *Transparentpapier, Kohlepapier*
- *Pinsel, Bleistift, Schere*
- *Alleskleber Kraft*

Vorlage 16, Bogen B

Wal Walter

1. Zuerst klebst du die Tontöpfe wie auf der Zeichnung auf dem Vorlagenbogen zusammen (siehe auch Lehrgang „Figuren-Grundtyp 1" auf den Seiten 4-5). Während des Trocknens Walter auf die „Schnauze" stellen, so kann nichts verrutschen.

2. Dann befestigst du beidseitig die Brustflossen. Hierfür musst du den Montagekleber sehr dick auftragen, um die Rundung am Bauch auszugleichen. Nach dem Trocknen lackierst du den ganzen Wal azurblau.

3. Übertrage den Kreis und die Flosse vom Vorlagenbogen auf Moosgummi und schneide beides aus. Halbiere den Kreis und klebe die Hälften auf den Boden des letzten Tontopfes. Fülle den Spalt mit Bastelkleber und lass ihn etwas antrocknen. Dann befestigst du die Flosse in dem Spalt. Während sie trocknet, musst du die Flosse mit einem Tontopf in der passenden Größe etwas abstützen. Zum Schluss klebst du Walter noch lustige Wackelaugen auf und schon kann der Wal schwimmen gehen.

Material:

- *2 Tontöpfe, Ø 18 cm*
- *Je 1 Tontopf, Ø 11 cm, 10 cm, 8 cm*
- *2 Wandtöpfe, Höhe 9,5 cm*
- *Moosgummi in Blau, Wackelaugen, Ø 8 mm*
- *Transparentpapier, Kohlepapier*
- *Marabu-Decorlack in Azurblau*
- *Pinsel, Schere, Bleistift*
- *Montagekleber, Bastelkleber*

Vorlagen 17A und 17B, Bogen B

Das Sandmännchen kommt

1. Pause die Vorlage für das Gesicht vom Vorlagenbogen auf Transparentpapier. Lege Kohlepapier mit der schwarzen Seite auf den Boden eines der Untersetzer, die Transparentpapiervorlage dahinter und fahre alle Linien mit einem Bleistift nach.

2. Male das Gesicht nun farbig aus und bemale alle anderen Töpfchen blau, mit Ausnahme des Topfes für den Unterkörper.

3. Lass die Farbe gut trocknen und setze dann die Figur nach der Zeichnung auf dem Vorlagenbogen zusammen (siehe auch Lehrgang „Figuren-Grundtyp 1" auf den Seiten 4-5). Als Ellenbogen setzt du dabei die Terracottaeier ein.

4. Schneide die Ohren nach der Vorlage aus Moosgummi aus und klebe dann Ohren und Nase auf das Sandmännchen-Gesicht. Aus Lurex-Grasfaser formst du Stirnhaare und Bärtchen, dann klebst du auch diese fest.

5. Schneide Mütze und Sack nach der Vorlage aus Filz aus. Die Mütze klappst du in der Mitte zusammen und steppst sie zur Tüte. Die Sackteile steppst du ebenfalls aufeinander, den oberen Rand lässt du jedoch offen.

6. Ziehe die Mütze über den Boden des Glockentopfes und befestige den Rand mit Kleber.

7. Aus einem Minipompon kannst du einen Stempel für die Punkte machen. Einfach den Pompon in weiße Lackfarbe tauchen und kleine Punkte auf das Gewand und den Sack stempeln.

8. Gib dem Sandmännchen den Sack in die Hand, nähe ihn dazu einfach an der Holzperle für die Hand fest.

Material:

- *2 Untersetzer, Ø 9 cm*
- *Je 1 Glockentopf, Ø 13 cm, 11 cm*
- *4 Tontöpfe, Ø 3,5 cm*
- *1 Tontopf, Ø 10 cm*
- *2 Terracottaeier, Höhe 4 cm*
- *Moosgummikugel in Rot, Ø 2 cm*
- *Filz in Dunkelblau*
- *Moosgummi in Hautfarbe*
- *Marabu-Decorlack in Hautfarbe, Dunkelblau, Schwarz, Weiß, Rosa*
- *Lurex-Grasfaser in Lila*
- *Transparentpapier, Kohlepapier*
- *Minipompon*
- *Paketschnur*
- *Pinsel, Schere, Bleistift*
- *Montagekleber, Alleskleber*

Vorlagen 18A und 18B, Bogen B

Lotta Ringelstrumpf

1. Male zuerst alle Tontöpfe für Körper, Arme und Beine in den entsprechenden Farben an.

2. Pause das Gesicht vom Vorlagenbogen auf Transparentpapier. Lege nun Kohlepapier mit der schwarzen Seite auf den Topf, die Transparentpapier-Vorlage dahinter und fahre alle Linien mit einem Bleistift nach. Male dann das Gesicht farbig aus.

3. Lass die Farbe trocknen, klebe danach für die Nase eine Wattekugel fest und bemale sie ebenfalls in Hautfarbe. Male die Styroporkugel orangefarben an, nach dem Trocknen kannst du die Haare darauf befestigen. Für die Zöpfe umwickelst du 4 Stränge Wattesisal mit Bindfaden und befestigst sie zwischen Kugel und Topfrand. Mit Schleifen sind die Zöpfe komplett. Klebe auch den Strohhut auf.

4. Bestreiche die Ränder der Schürze gegen Ausfransen mit Alleskleber. Schneide aus buntem Filz nach der Vorlage Blumen aus und klebe sie auf die Schürze. Die Juteschürze wird beim Zusammensetzen von Ober- und Unterkörper zwischen den Töpfen mit eingeklebt.

5. Setze dann die Figur nach der Zeichnung auf dem Vorlagenbogen zusammen (siehe auch Lehrgang „Figuren-Grundtyp 3" auf den Seiten 8-9). Achte dabei darauf, dass sich unter dem Oberkörper ein weiterer, unsichtbarer Topf (gestrichelte Linie) befindet. Die Länge der Beinfäden wählst du so, dass der obere Topf des Beines unter dem Rock hervorschaut. Dekoriere zum Schluss das Oberteil mit Holzknöpfen und evtl. Juteflicken.

Material:

- *1 Styroporkugel, Ø 10 cm*
- *1 Glockentopf, Ø 13 cm,*
  je 1 Tontopf, Ø 10 cm, 9 cm, 13 cm,
  8 Tontöpfe, Ø 6 cm,
  je 4 Tontöpfe, Ø 5 cm, 3,5 cm
- *20 Holzkugeln, Ø 2,5 cm,*
  je 2 Holzkugeln, Ø 4 cm, 2 cm, 1 cm
- *1 Wattekugel, Ø 1 cm*
- *2 Holzoliven in Gelb*
- *Filz in Rot, Grün, Blau, Rosa*
- *Marabu-Decorlack in Azurblau, Grün, Korallenrot, Hautfarbe, Rosa, Orange, Weiß, Schwarz*
- *Wattesisal in Orange*
- *Schleifenband in Pink, 1 cm breit*
- *Jute, Paketschnur*
- *Strohhut, Ø 12 cm*
- *Transparentpapier, Kohlepapier*
- *Pinsel, Schere, Bleistift*
- *Alleskleber, Montagekleber*

Vorlagen 19A und 19B, Bogen B

Impressum

Modelle: Kristiana Heinemann, Karina Stieler
Programmleitung: Susanne Klar
Lektorat: Ulrike Bogatz
Fotos: Inge Ofenstein
Styling: Ulrike Hundhammer
Covergestaltung: Stefan Hagen
Druck und Verarbeitung: J. P. Himmer, Augsburg

ISBN 3-89858-330-9

Herstellerverzeichnis:

Farben und Lacke:
Marabuwerke GmbH & Co.
Asperger Str. 4
71732 Tamm

Hobby und Bastelbedarf:
Rayher Hobby, Uhu,
über Hobby- und Bastelfachhandel